jamie
& friends

Küchen der Welt

jamie
& friends

Willkommen

© David Loftus

Als Küchenchef im Vereinigten Königreich zu arbeiten ist großartig, weil die britische Küche an Einflüssen, geschmacklicher Vielfalt und Zutaten aus der ganzen Welt besonders reich ist. Alle meine Reisen in andere Länder haben mich enorm inspiriert. Im Grunde müsste sich jeder auf den Weg machen, um diese fantastischen Küchen zu entdecken – sie sind schließlich nur wenige Stunden entfernt! Hier sind meine »*Jamie Magazine*-Lieblingsrezepte« zusammengetragen: kulinarische Geschenke aus meiner geistigen Heimat Italien bis hin zu den bunten Märkten Asiens. Lassen Sie sich von mir zu einer Reise um die Welt einladen!

Jamie O xx

Jamie Oliver ist ein Phänomen in der Kochwelt. Er gehört zu den beliebtesten Persönlichkeiten im Fernsehen und zu den bekanntesten Gesichtern Großbritanniens.
Jamie hat die Menschen dazu gebracht, mehr Zeit in der Küche zu verbringen und sogar ihre eigenen Gemüsegärten zu pflegen. Seine Sendungen werden in über 100 Ländern ausgestrahlt, darunter in Deutschland, USA, Australien, Südafrika, Brasilien, Japan und Island. Seine Kochbücher werden in mehr als 30 Sprachen übersetzt und sind weltweit Bestseller.
Die Restaurantkette *Jamie's Italian* ist im Vereinigten Königreich äußerst beliebt. Das 2002 eröffnete Restaurant *The Fifteen* ermöglicht benachteiligten jungen Menschen eine Ausbildung in den drei über die Welt verteilten Lokalen, die nur hochwertige Produkte verwenden. Sein neues Londoner Restaurant, *Barbecoa*, wurde in Zusammenarbeit mit dem amerikanischen Koch Perry Lang eröffnet. Jamie pendelt zwischen London und Essex hin und her. Er ist verheiratet mit Jools und hat vier Kinder: Poppy, Daisy, Petal und Buddy.

54

57

13

24
EAT
ME

71

72

INHALT

NORDAFRIKA UND NAHER OSTEN

REZEPTE

Teigröllchen mit Rind und Harissa-Dip • Lammhaxen auf marokkanische Art • Erbsenfalafel mit Joghurt-Minze-Sauce • Sardinen mit Harissa und Couscous

Für 15 Teigröllchen

TEIGRÖLLCHEN MIT RIND UND HARISSA-DIP

von Andy Harris

Harissa ist eine aus Tunesien stammende Würzpaste, die häufig in Algerien, Marokko, Mauretanien, Libyen und Tunesien verwendet wird. Je nach der verwendeten Chilisorte sind Harissa-Saucen mitunter sehr scharf.

ZUTATEN

- 3 EL Olivenöl
- 500 g Hackfleisch vom Rind
- je 1 TL getrocknete Minze und getrockneter Oregano
- 2 EL fein gehackte Petersilie
- 2 Knoblauchzehen, geschält und in dünne Scheiben geschnitten
- 1 Zwiebel, geschält und gerieben
- 1 Karotte, geschält und gerieben
- 1 Stange Staudensellerie, geputzt und fein gehackt
- 1 TL Harissa
- 1 EL Tomatenmark
- 1–2 EL Passata (pürierte Tomaten)
- 1 Päckchen Filoteigblätter
- Butter, zum Bestreichen
- Salz und Pfeffer

Für den Harissa-Dip

- 150 g griechischer Joghurt
- 1 EL Harissa
- Saft von 1 Zitrone

1 Das Olivenöl in einer Pfanne mäßig erhitzen und darin das Hackfleisch anbraten. Minze, Oregano und Petersilie sowie Knoblauch, Zwiebel, Karotte und Sellerie hinzufügen und 5 Minuten garen. Nach Geschmack salzen und pfeffern. Harissa, Tomatenmark und Passata hinzufügen. Die Hitze etwas reduzieren und weitere 30 Minuten köcheln, dann abkühlen lassen.

2 Den Backofen auf 180 °C vorheizen. Die Filoteigblätter der Länge nach auslegen und mittig durchschneiden. Die Butter in einem Topf schmelzen und die Teigränder damit bestreichen. Ein wenig Füllung auf eine Seite setzen und die Blätter wie Zigarren einrollen. Zügig arbeiten, damit der Teig nicht austrocknet. Die Röllchen mit der übrigen Butter bestreichen. Auf ein Backblech setzen und im vorgeheizten Ofen 15–20 Minuten backen.

3 Währenddessen Joghurt, Harissa und Zitronensaft zu einer Sauce mischen und zu den heißen Röllchen servieren.

Für 6 Personen

LAMMHAXEN AUF MAROKKANISCHE ART

von Jamie Oliver

ZUTATEN

- 6 Lammhaxen, vom Metzger küchenfertig vorbereitet
- 1 Knoblauchknolle, die Zehen herausgelöst und geschält
- 1 rote Zwiebel, geschält
- 1 EL zerstoßene Koriandersamen
- 1 EL zerstoßene Kreuzkümmelsamen
- 1 EL Ras-el-Hanout (marokkanische Gewürzpaste)
- Olivenöl, zum Braten
- 1,5 kg reife Tomaten, geputzt
- 1 Handvoll getrocknete Aprikosen
- 500 g kleine Kartoffeln, geschält
- je ½ Bund Minze und Koriander, die Blättchen abgezupft und fein gehackt
- 150 g griechischer Joghurt
- Couscous, zum Servieren
- geröstetes Fladenbrot, zum Servieren
- Salz und Pfeffer

1 Einen Holzofen auf mittlere Hitze bringen oder einen herkömmlichen Backofen auf 180 °C vorheizen. Die Haxen salzen und pfeffern. Knoblauch, Zwiebel, Koriander, Kreuzkümmel und Ras-el-Hanout in eine Küchenmaschine geben und zu einer Paste verarbeiten. Etwas Olivenöl in einem Bräter (der in den Backofen passt) mäßig stark erhitzen und darin die Paste anbraten.

2 Die Lammhaxen mit Knochen in den Bräter geben. Dann die Tomaten und die getrockneten Aprikosen in einer Küchenmaschine zu einer dicken Paste verarbeiten. Das Lammfleisch mit der Würzpaste einreiben und die ganzen Kartoffeln in den Bräter geben. Abdecken und 2–2½ Stunden im vorgeheizten Ofen schmoren. Wenn sich das Fleisch von den Knochen löst, den Deckel abnehmen und offen weitere 30 Minuten garen, bis die Kartoffeln die gesamte Flüssigkeit aufgenommen haben.

3 Minze, Koriander und Joghurt in einer Schüssel vermengen, salzen und pfeffern. Das Fleisch zusammen mit der Tomatensauce in Schalen verteilen, ein paar Esslöffel Joghurtsauce daraufsetzen und mit geröstetem Fladenbrot und Couscous servieren.

Für 12 Küchlein

ERBSENFALAFEL MIT JOGHURT-MINZE-SAUCE

von Rebecca Rauter

Falafel sind Küchlein, die aus Kichererbsen oder Dicken Bohnen zubereitet und in Öl ausgebacken werden. Ursprünglich aus Ägypten stammend, haben sie bald in vielen Regionen wie Syrien oder dem Libanon Einzug gehalten, um schließlich zu einer Spezialität des ganzen Nahen Ostens zu werden.

ZUTATEN

- 250 g frische Erbsen, gepalt
- je 1 Handvoll abgezupfte Koriander-, Minze- und Petersilienblättchen
- 2 Knoblauchzehen, geschält und zerdrückt
- 1 TL gemahlene Kreuzkümmelsamen
- 4 Stangen Lauchzwiebeln, geputzt und fein gehackt
- 4 EL frisches Paniermehl
- Sonnenblumenöl, zum Ausbraten
- 250 g griechischer Joghurt
- 2–3 Stängel Minze, die Blättchen abgezupft und gehackt
- Salz und Pfeffer

1 Die Erbsen in einem Topf mit kochendem Wasser etwa 1 Minute blanchieren, dann abgießen und in eiskaltem Wasser abschrecken (so behalten sie ihre appetitliche grüne Farbe). Die frischen Kräuter in einer Küchenmaschine zerkleinern, dann die Erbsen, 1 Knoblauchzehe, Kreuzkümmel, Lauchzwiebeln und Paniermehl hinzufügen. Alle Zutaten zu einer Paste verarbeiten. Salzen, pfeffern und zu Bällchen formen.

2 Etwa 1 cm hoch Öl in eine Bratpfanne gießen und erhitzen. Die Bällchen darin 2 Minuten von jeder Seite goldbraun braten. Fertige Küchlein herausheben und auf Küchenpapier abtropfen lassen. In einer Schüssel den Joghurt, die restliche Knoblauchzehe und die gehackte Minze vermischen. Mit Salz und Pfeffer würzen und zusammen mit den Falafeln servieren.

Für 4 Personen

SARDINEN MIT HARISSA UND COUSCOUS

von David Loftus

ZUTATEN

- 200 g Couscous
- 8 frische Sardinen (à 60 g) küchenfertig ausgenommen, die Kiemen entfernt und gründlich abgeschuppt
- Olivenöl, zum Einölen
- 1 gehäufter EL Harissa
- natives Olivenöl extra, für die Würzpaste und für den Couscous
- Saft von 2 Zitronen
- 2 Bio-Zitronen
- 2 Stangen Lauchzwiebeln, geputzt und in dünne Scheiben geschnitten
- ein paar schwarze Oliven (ohne Stein), gehackt
- ein paar gehackte Minzeblättchen
- 100 g Feta, zerkrümelt
- Salz und Pfeffer

Für die Beilage

- 150 g Naturjoghurt
- 4 Handvoll Rucola, gewaschen und trocken geschleudert

1 Zuerst den Couscous-Grieß in einer Schüssel mit 200 ml kochendem Wasser übergießen. Abdecken und ziehen lassen. In der Zwischenzeit einen Grill auf starke Hitze bringen. Wenn er richtig heiß ist, die Sardinen mit etwas Öl einreiben und auf einen Grillrost legen. Mit Salz bestreuen und etwa 5 Minuten grillen.

Sardinen sind nicht nur günstig und vielseitig verwertbar, sondern lassen sich auch mit würzigen Aromen wie Harissa perfekt kombinieren. Kümmern Sie sich nicht um kleine Gräten: Man kann sie problemlos aus dem gebratenen Fisch lösen.

2 Harissa, etwas natives Olivenöl extra und den Zitronensaft in einer Schüssel vermischen. Die Fische mit der Sauce bestreichen, auf dem Grill wenden und die gegrillte Seite ebenfalls mit Sauce bestreichen. Die Zitronen halbieren und mit der Schnittfläche nach unten an den Rand des Grills legen.

3 Nun den Couscous mit einer Gabel auflockern und Lauchzwiebeln, Oliven, Minze und Feta einrühren. Natives Olivenöl extra großzügig darüberträufeln und den Saft der restlichen Zitrone zugeben. Sorgfältig umrühren und mit Salz und Pfeffer abschmecken.

4 Die Sardinen sind dann fertig, wenn sich die Hauptgräte leicht vom Fleisch löst (auch dort, wo es am dicksten ist). Den Couscous auf ein Brett oder auf Teller verteilen und die gegrillten Sardinen darauflegen. Etwas Joghurt und Harissasauce an die Seite geben. Den Rucola am Tellerrand platzieren und zu jeder Portion eine gegrillte Zitronenhälfte reichen.

EAT
ME

AMERIKA

REZEPTE

Das weltbeste Brathähnchen nach Kentucky-Art • S.O.S-Cookies • Erdbeer-Creme-Torte • Die perfekten Quesadillas • Tacos mit Fisch • Tacos mit Rind • Einfache Enchiladas • Scharfe Linsensuppe mit gebratenem Gemüse • Hähnchenspieße mit Knoblauchsalsa • Karibische Kochbananen-Chips

USA

REZEPTE ERPROBT IN DEN KÜCHEN VON JAMIE OLIVER

Für 4 Personen

DAS WELTBESTE BRATHÄHNCHEN NACH KENTUCKY-ART

von Paul Levy

Dieses Rezept lässt sich ganz einfach variieren, indem Sie dem Mehl verschiedene Gewürze Ihrer Wahl wie Paprika, fein gehackten Ingwer oder frische Kräuter wie Basilikum und Thymian beimengen.

ZUTATEN

- Öl oder Schweineschmalz (oder beides), zum Braten
- 1 großes Huhn (aus Freilandhaltung), in acht Teile zerlegt
- Gewürzmehl aus Mehl, Salz, gemahlenem Cayennepfeffer und reichlich frisch gemahlenem schwarzem Pfeffer, für die Panade

1 Eine gusseiserne Bratpfanne zu einem Drittel mit Öl oder/und Schmalz füllen und dieses stark erhitzen, bis es leicht raucht oder sich in weniger als 1 Minute ein Stück Brot darin goldbraun braten lässt.

2 Die Hühnerteile zusammen mit dem Gewürzmehl in eine Papiertüte geben und kräftig schütteln, sodass das Huhn überall gleichmäßig mit Mehl bestäubt ist (diesen Schritt dürfen Sie auf keinen Fall überspringen!).

3 Überschüssiges Mehl von den Hühnerteilen abschütteln. Dann die Teile portionsweise in der Pfanne im heißen Öl oder/und Schmalz braten – nicht zu viele auf einmal. Das Fleisch zuerst mit der Hautseite nach unten in die Pfanne legen, dann umdrehen. Das Huhn ist fertig, wenn es rundum goldbraun ist: es ist dann gut durchgebraten, saftig und schön knusprig.

4 Hühnerteile herausnehmen und kurz auf Küchenpapier abtropfen lassen und sofort servieren – auch wenn manch einer es lieber lauwarm isst.

Für 20 Kekse

S.O.S-COOKIES

von Georgie Socratous

© Myles New

ZUTATEN

- 115 g Mehl
- ½ TL Backpulver
- ½ TL gemahlener Zimt
- ¼ TL Salz
- 150 g Rosinen
- 165 g Haferflocken
- 125 g brauner Zucker
- 1 Vanilleschote
- 150 g weiche Butter
- 1 Ei

Die trockenen Zutaten vorsichtig in der oben genannten Reihenfolge (mit dem Mehl beginnend) in ein sauberes, trockenes Einmachglas von etwa 750 ml Fassungsvermögen einschichten. Die Vanilleschote oben hineinstecken oder zusammen mit einem kleinen Schild am Deckel befestigen. Auf das Schildchen folgendes Rezept notieren:

1 Für die Kekse den Backofen auf 180 °C vorheizen. Braunen Zucker mit weicher Butter vermischen.

2 Die Vanilleschote längs aufschlitzen und die schwarzen Samen herauskratzen. Das Vanillemark unter die Butter mischen und gründlich rühren, bis eine weiße, cremige Masse entsteht.

3 Erst das Ei, dann die restlichen Zutaten zufügen und zu einer glatten Masse verrühren. Die Mischung etwa 30 Minuten in den Kühlschrank stellen. Dann den Teig in löffelgroßen Portionen auf ein mit Backpapier ausgelegtes Backblech setzen. Die Teighäufchen etwas flach drücken, damit sie beim Backen in die Breite gehen.

4 Die Teighäufchen im vorgeheizten Ofen 10–12 Minuten backen (die Kekse sollen an den Rändern schön goldbraun und innen noch weich sein). Die Kekse herausnehmen und etwa 5 Minuten abkühlen lassen, dann auf ein Gitter legen.

An Sommertagen sorgt diese herrliche Torte für Erfrischung. Kurz vor dem Servieren aus dem Kühlschrank holen und mit Früchten der Saison garnieren.

© Matt Munro

Für 12 Stücke

ERDBEER-CREME-TORTE

von Georgina Bragg

ZUTATEN

- 230g weiche Butter + Butter zum Einfetten der Form
- 230g brauner Zucker
- 4 Eier
- 1 TL Vanilleextrakt
- 250g Mehl
- ½ Päckchen Trockenhefe
- 1 TL Backpulver
- 2 EL Milch
- 200g Crème fraîche
- 300g Erdbeeren, geputzt und halbiert + Erdbeeren zum Garnieren
- 2 Stück Sandgebäck oder etwas Shortbread, zerkrümelt

Für die Doppelrahmkäse-Glasur

- 200g Puderzucker
- 30g Butter
- 80g Doppelrahm-Frischkäse

1 Den Backofen auf 180°C vorheizen. Drei Springformen mit einem Durchmesser von je 18cm mit Butter fetten und mit Backpapier auslegen.

2 Butter, Zucker, Eier, Vanille, Mehl, Trockenhefe, Backpulver und Milch in einer Küchenmaschine glatt verrühren.

3 Die Mischung auf die Formen verteilen und im vorgeheizten Ofen 18 Minuten backen, bis sie goldgelb sind und an einer Messerklinge beim Einstechen kein Teig mehr hängen bleibt. Die Böden herausnehmen und 5–10 Minuten in der Form abkühlen lassen, dann auf ein Gitter setzen.

4 Die Crème fraîche aufschlagen und auf zwei Tortenböden verteilen. Die Erdbeeren auf der Creme verteilen. Die drei Böden aufeinanderschichten, wobei der unbelegte Tortenboden ganz oben sein soll.

5 Die Zutaten für die Glasur vermischen und mithilfe eines Spritzbeutels oder eines Teigschabers gleichmäßig auf der Tortenoberfläche verteilen. Das zerkrümelte Gebäck darüberstreuen und mit den Erdbeeren dekorieren.

MEXIKO

REZEPTE ERPROBT IN DEN KÜCHEN VON JAMIE OLIVER

Für 4 Personen

DIE PERFEKTEN QUESADILLAS

von Jamie Oliver

ZUTATEN

- 250 g Hüttenkäse
- Saft von einer ½ Limette
- 1 gelbe und 1 rote Paprikaschote, Stielansätze, Samen und Scheidewände entfernt, fein gewürfelt
- 1 rote Chilischote, Samen entfernt und fein gehackt
- ½ Bund Koriander, die Blättchen abgezupft
- 120 g Cheddar, gerieben
- 4 große Weizentortillas
- Salz und Pfeffer

Für die Ananassauce

- Olivenöl, zum Braten
- ½ TL Senfkörner
- ½ rote Chilischote, die Samen entfernt
- 230 g Ananasstücke (aus der Dose)
- 1 gute Prise frisch gemahlener schwarzer Pfeffer
- Saft von einer ½ Limette

Für die Guacamole

- 2 reife Avocados, halbiert, den Stein entfernt
- ½ Bund Koriander, die Blättchen abgezupft
- ½ rote Zwiebel, geschält und gerieben
- 1 rote Chilischote, Samen entfernt, und fein gehackt
- Saft von 2 Limetten
- 2 Tomaten, geputzt und gehackt
- Salz und Pfeffer

Das Geheimnis der Quesadillas liegt in der Füllung: Halten Sie sie möglichst schlicht! Dafür können Sie sich bei den Beilagen so richtig austoben!

1 Zuerst die Ananassauce zubereiten. Dazu etwas Öl in einer Pfanne mäßig stark erhitzen und darin Senfkörner und Chilischote anbraten. Wenn die Mischung duftet, die Ananas mitsamt Sirup und Pfeffer zufügen und etwa 5 Minuten köcheln lassen, bis eine zähe, klebrige Masse entsteht. Den Limettensaft einrühren und die Sauce in eine Schüssel füllen.

2 Für die Guacamole das Avocadofruchtfleisch herauslöffeln und in eine Schüssel geben. Koriander, Zwiebel, Chili und Limettensaft zugeben. Mit Salz und Pfeffer würzen und die Tomaten zufügen, dabei größere Stücke Tomatenhaut entfernen. Alle Zutaten mit einem Kartoffelstampfer oder Stabmixer zerkleinern und vermischen.

3 In einer weiteren Schüssel den Hüttenkäse mit Limettensaft und je 1 Prise Salz und Pfeffer vermengen.

4 In einer vierten Schüssel Paprika, Chili und Koriander mit dem Cheddar vermengen. Die Mischung auf 2 Tortillas verteilen und mit den beiden übrigen Tortillas bedecken. Dann in einer beschichteten Pfanne 2–3 Minuten von jeder Seite goldbraun anbraten, bis der Käse geschmolzen ist. In vier Stücke schneiden und mit Ananassauce und Guacamole servieren.

Für 4 Personen

TACOS MIT FISCH

von Anna Jones

ZUTATEN

- ½ kleiner Kopf Rotkohl, geputzt und in feine Streifen geschnitten
- 1 Handvoll rote oder gelbe Kirschtomaten, grob zerkleinert
- 1 Handvoll Radieschen, geputzt und in dünne Scheiben geschnitten
- 1 Bund Koriander, die Blättchen abgezupft und fein gehackt
- Saft von ½ Limette
- Olivenöl, zum Würzen und Braten
- 4 Weißfischfilets (à 150 g), am besten Seelachs oder Seehecht, ohne Haut
- 1 EL Mehl
- 1 EL Paprikapulver
- fein abgeriebene Schale von 1 Bio-Limette
- 8 kleine Weizen- oder Maistortillas
- Salsa roja (Tomatensauce), zum Servieren
- Salz und Pfeffer

1 Kohl, Tomaten, Radieschen und Koriander mit Salz und Pfeffer, Limettensaft und etwas Olivenöl in einer Schüssel mit den Händen vermengen.

2 Den Fisch in mundgerechte Stücke teilen. Mehl, Paprikapulver, Limettenschale, Salz und Pfeffer in einer Schüssel vermischen. Den Fisch in der Mischung wenden, dann überschüssige Panade abklopfen.

3 Etwas Olivenöl in einer Pfanne mäßig stark erhitzen und den Fisch darin von jeder Seite ein paar Minuten goldbraun anbraten. Währenddessen ein Backblech auf dem Herd erhitzen und die Tortillas auf dem heißen Blech anrösten. Die Tortillas um ein Nudelholz wickeln, um sie in Tacoform zu bringen, und in dieser Position abkühlen lassen.

4 Jeden Taco erst mit dem Kohlsalat, dann mit Fisch und erneut mit etwas Salat füllen. Zum Schluss etwas Salsa roja darübergeben. Die Tacos mit einem Lächeln genießen!

Für 6 Personen

TACOS MIT RIND

von Laura Fyfe

ZUTATEN

- 1 EL Olivenöl
- 1 Zwiebel, geschält und gewürfelt
- 1 rote Paprikaschote, Stielansatz, Samen und Scheidewände entfernt, und fein gewürfelt
- 1 grüne Paprikaschote, Stielansatz, Samen und Scheidewände entfernt, und fein gewürfelt
- 2 Knoblauchzehen, geschält und in dünne Scheiben geschnitten
- 1 Prise Paprikapulver
- 1–2 TL gemahlene Kreuzkümmelsamen
- 500 g Hackfleisch vom Rind
- 250 ml Rinderfond
- 12 Maistacos
- geriebener Käse, zum Servieren
- frischer Blattsalat, zum Servieren

Für die Tomaten-Salsa

- 2 Tomaten, geputzt und gehackt
- Saft von einer ½ Limette
- 1 Lauchzwiebel, geputzt und in dünne Scheiben geschnitten
- 1 EL gehackte Korianderblättchen
- Salz und Pfeffer

Für die Guacamole

- 2 reife Avocados, halbiert und den Stein entfernt
- Saft von einer ½ Limette
- 2 EL Crème fraîche
- Salz und Pfeffer

1 Das Olivenöl in einer großen Pfanne erhitzen und darin Zwiebel und Paprikawürfel leicht anbraten. Knoblauch, Paprikapulver und Kreuzkümmel zugeben und 1–2 Minuten mitbraten. Das Hackfleisch zugeben, vermengen und goldbraun anbraten. Den Fond angießen, die Pfanne abdecken und die Fleischmischung etwa 45 Minuten köcheln lassen.

2 Währenddessen können Ihre Kinder bei der Zubereitung der Tomaten-Salsa behilflich sein, indem sie Tomaten, Limettensaft, Lauchzwiebel und Koriander in einer Schüssel miteinander vermengen und die Sauce nach Geschmack salzen und pfeffern.

3 Für die Guacamole das Avocadofruchtfleisch aus der Schale löffeln und mit einer Gabel zerdrücken. Die Kinder können Limettensaft und Crème fraîche hinzufügen, mit Salz und Pfeffer würzen und alles gründlich mischen. Den Backofen auf 180 °C vorheizen.

4 Die Tacos auf einen Teller legen und im vorgeheizten Ofen 3–4 Minuten rösten. Herausnehmen und abkühlen lassen. Das Befüllen der Tacos mit Fleisch, Salsa und Guacamole können die Kinder übernehmen – oder jeder Gast füllt seinen Taco bei Tisch selbst.

Ein Rezept, das sich für das Kochen mit Kindern wunderbar eignet: Knusprig, üppig gefüllt und gut mit den Fingern zu essen. Diese Tacos kommen bei Kindern super an. Außerdem sind sie blitzschnell zubereitet.

© Dan Jones

Für 2 Personen

EINFACHE ENCHILADAS

von Cara Hobday

ZUTATEN

- 2 EL Olivenöl
- 1 Knoblauchzehe, geschält und zerdrückt
- 1 kleine Zwiebel, geschält und gewürfelt
- 400 g rote Bohnen (aus der Dose), abgespült und gut abgetropft
- 2 große reife Tomaten, geputzt und gehackt
- 4 Maistortillas
- 4 EL Crème fraîche
- 1 Handvoll gehackter Koriander
- 1 Avocado, geschält, den Stein entfernt und das Fruchtfleisch in Spalten geschnitten
- Salz und Pfeffer

1 Das Öl in einer Pfanne mäßig stark erhitzen und darin Knoblauch und Zwiebel 4–5 Minuten anschwitzen, ohne dass sie Farbe annehmen. Die Bohnen zugeben und kräftig mit Salz und Pfeffer würzen. Mit einem Stabmixer oder Kartoffelstampfer zu einer Paste verarbeiten, dann die Hälfte der gehackten Tomaten zugeben.

2 Den Backofen auf Grillfunktion stellen oder einen Gartengrill auf starke Hitze bringen. Die Tortillas in der Mikrowelle oder in einer heißen Pfanne erwärmen. Auf jede Tortilla ein Viertel der Bohnenpaste verteilen, dann jede Tortilla zweimal zusammenklappen und unter dem Backofengrill oder auf dem Grill goldbraun rösten.

3 Die gerösteten Tortillas mit ein paar Löffeln der restlichen gehackten Tomaten und etwas Crème fraîche bedecken. Noch einmal mit Salz und Pfeffer abschmecken. Mit etwas Koriander bestreuen und mit den Avocadospalten servieren.

Wenn Suppe übrig bleibt, dann braten Sie rohe Garnelen mit etwas Currypaste an und geben Sie sie zur Suppe. Dann einen Schöpflöffel Kokosmilch und eine Handvoll Gemüse zugeben und die Suppe servieren – perfekt!

© Sam Robinson

Für 4 Personen

SCHARFE LINSENSUPPE MIT GEBRATENEM GEMÜSE

von Sarah Tildesley

ZUTATEN

- Olivenöl, zum Braten
- einige fein geschnittene Stängel Koriander, zum Anbraten
- 1 EL Currypaste
- 1 Handvoll klein geschnittenes Gemüse (vom Vortag)
- 400 g Linsen (aus der Dose)
- ½ Würfel Hühnerbrühe, zerkrümelt, oder 400 ml selbst gemachte Hühnerbrühe
- 200 g Tomatenstücke (aus der Dose)
- 1 Handvoll Spinatsprossen
- Joghurt, mit fein geschnittenem Knoblauch gewürzt, zum Servieren
- 2 verzehrfertige Papadams (dünne Fladen aus Linsenmehl)

1 Reichlich Olivenöl in einer Pfanne erhitzen und darin die Korianderstängel zusammen mit der Currypaste leicht anbraten. Das Gemüse in die Pfanne geben und unter Rühren mitbraten, bis die Currypaste anfängt zu zerfließen. Die Linsen mit Flüssigkeit aus der Dose, Brühe und Tomaten aus der Dose zufügen. So viel Wasser angießen, bis die gewünschte Konsistenz erreicht ist und alles zum Kochen bringen. Wenn Sie selbst gemachte Brühe verwenden, brauchen Sie kein oder kaum zusätzliches Wasser.

2 Um die Suppe etwas anzudicken, das Gemüse in der Suppe mit einem Stabmixer pürieren. Die Spinatsprossen zugeben. Sobald sie zusammenfallen, ist die Suppe fertig.

3 Mit dem zerkleinerten Papadam bestreuen und den Knoblauchjoghurt dazu reichen. Wenn Sie die Suppe mit in die Arbeit nehmen möchten, dann transportieren Sie den Knoblauchjoghurt am besten in einem Extrabehälter. Die Suppe gut erhitzen.

KUBA

REZEPTE ERPROBT IN DEN KÜCHEN VON JAMIE OLIVER

Für 4 Personen

HÄHNCHENSPIESSE MIT KNOBLAUCH-SALSA

von Andy Harris

Wenn Sie für das Aufspießen der Fleischstücke Holzspieße verwenden, dann vergessen Sie nicht, sie vorher 20 Minuten in Wasser einzuweichen.

ZUTATEN

- 3 Knoblauchzehen, geschält und zerdrückt
- je 1 TL gemahlene Kreuzkümmelsamen, Paprikapulver und getrockneter Oregano
- Saft von 1 Limette
- 2 Hähnchenbrustfilets, in Würfel geschnitten

Für die Knoblauchsalsa

- 3 Knoblauchzehen, geschält und zerdrückt
- 1 Zwiebel, geschält und gewürfelt
- 1 EL Olivenöl
- Saft von 3 Orangen
- Salz

1 Zuerst die Salsa zubereiten. Dazu Knoblauch, Zwiebel, Öl und Orangensaft in eine Schüssel geben. Etwas Salz zufügen und alles gut vermischen.

2 Nun den zerdrückten Knoblauch, Kreuzkümmel, Paprikapulver, Oregano und Limettensaft in einen tiefen Teller geben und vermengen. Die Hähnchenbrustfilets darin 30 Minuten marinieren.

3 Einen Grill auf mittlere Hitze bringen oder den Backofengrill vorheizen. Das marinierte Fleisch abtropfen lassen und auf Spieße stecken. Auf dem Grill oder unter dem Backofengrill 12–15 Minuten grillen, dabei mehrmals wenden. Mit der Salsa servieren.

Paprikapulver stammt ursprünglich aus Südamerika und wird aus Paprikaschoten hergestellt. Dabei trocknet man die reifen Schoten nach der Ernte und mahlt sie zu Pulver. Die Zusammensetzung ist unterschiedlich: Das Pulver kann ausschließlich aus den Früchten gewonnen werden oder zusätzlich aus Stängeln und Samen. Die Schärfe hängt von der verwendeten Paprikasorte ab. Meistens ist das Pulver eher mild. Köche schätzen das Gewürz wegen seiner appetitlichen Farbe und des herben, subtil scharfen Aromas, das Gerichten eine besondere Note verleiht.

ANTILLEN

REZEPTE ERPROBT IN DEN KÜCHEN VON JAMIE OLIVER

Für 4 Personen

KARIBISCHE KOCHBANANEN-CHIPS

von Andy Harris

ZUTATEN

- 2 Kochbananen
- 1l Öl
- Salz

1 Die Schale der Kochbananen mehrfach einritzen. In eine Schüssel legen, mit heißem Wasser übergießen und mindestens 10 Minuten ruhen lassen, damit die Schalen aufweichen. Die Bananen erneut abgießen, schälen und in 1–2 cm dicke Scheiben schneiden.

2 Das Öl in einer hohen Pfanne auf 180°C erhitzen. Um zu prüfen, ob das Öl heiß genug ist, ein Stück Brot in das Öl geben. Wenn es goldbraun wird und an die Oberfläche kommt, ist die Hitze perfekt. Die Bananen darin portionsweise je 7–10 Minuten frittieren, bis sie weich und goldbraun sind. Mit einem Schaumlöffel herausheben und auf Küchenpapier abtropfen lassen; das restliche Öl für das nächste Mal aufheben. Die Kochbananen-Chips salzen und sofort servieren.

Kochbananen sind aus einer Kreuzung zweier Bananenarten entstanden. Man bereitet sie auf unterschiedliche Weise als Gemüse oder Sättigungsbeilage zu Fleisch- und Fischgerichten zu. Aufgrund ihres hohen Stärkegehalts kann man Kochbananen allerdings nicht roh verzehren. Mit einem Nährwert von 120kcal/100g sind die Früchte ausgesprochen nahrhaft und daher auch Grundnahrungsmittel in zahlreichen Regionen der Welt – vor allem auf den Antillen, in Südamerika, Afrika und Indien.

ASIEN

REZEPTE

Teigtaschen mit Garnelen und scharfer Sauce • Gebratene scharfe Nudeln mit chinesischem Schnittlauch • Japanische Crêpes • Rotes Thaicurry mit Rindfleisch und Kokosmilch • Grünes Thaicurry mit Huhn und Auberginen • Einfache Samosas • Kaschmir-Lamm • Fischcurry aus Kerala • Kaiserhummer-Curry

CHINA

REZEPTE ERPROBT IN DEN KÜCHEN VON JAMIE OLIVER

Für 8 bis 10 Personen als Vorspeise

TEIGTASCHEN MIT GARNELEN UND SCHARFER SAUCE

von Kylie Kwong

ZUTATEN

- 225 g rohe Garnelen, geschält, ohne Darm, und in kleinere Stücke geschnitten
- 1 Lauchzwiebel, geputzt und in dünne Ringe geschnitten
- 1 Stück frischer Ingwer (ca. 1 cm), in kleine Würfel geschnitten
- 1½ TL trockener Sherry
- 3 TL Sojasauce
- ½ TL Zucker
- ½ TL Sesamöl
- 1 Prise Sichuan-Gewürz
- 24 Wan-Tan-Teigblätter (ca. 7 cm Seitenlänge)

Für das Sichuan-Gewürz

- 1 EL Sichuan-Pfeffer
- 3 EL Meersalz

Für die scharfe Sauce

- 1 TL getrocknete, zerstoßene Chilischoten
- 40 ml Öl
- 20 ml Sojasauce
- 20 ml Reisessig
- 1 TL Zucker
- 1 Prise Sichuan-Gewürz

1 Zuerst das Sichuan-Gewürz zubereiten. Dazu Pfeffer und Salz in einer Pfanne mit dickem Boden ohne Fett rösten. Wenn die Pfefferkörner platzen und anfangen zu duften, die Pfanne vom Herd nehmen und abkühlen lassen. Die Mischung in einem Mörser fein zerstoßen.

2 Für die scharfe Sauce die Chilis in eine Schüssel geben. Das Öl in einer Pfanne stark erhitzen und über die Chilis gießen. Umrühren und abgedeckt 30 Minuten ruhen lassen. Das Öl über einer Schüssel durch ein Sieb streichen. Sojasauce, Reisessig, Zucker und Sichuan-Gewürz zugeben und mischen.

3 Für die Füllung das Garnelenfleisch in einer Schüssel mit Lauchzwiebel, Ingwer, Sherry, Sojasauce, Zucker, Sesamöl und Sichuan-Gewürz mischen. Abdecken und 30 Minuten im Kühlschrank ruhen lassen.

4 Anschließend in die Mitte jedes Teigblatts 1 gestrichenen Teelöffel der Füllung setzen. Die Ränder der Teigblättchen mit etwas Wasser befeuchten, dann jedes Blatt in der Mitte falten und die Füllung einschließen, dabei die Luft herausdrücken und die Teigränder fest zusammendrücken. Die Teigtaschen der Länge nach mit der Klebefläche nach vorn vor sich legen. Die beiden unteren Ecken in einer Spiralbewegung zueinanderführen und zum Verkleben aneinanderdrücken, sodass ein gewundener Ring entsteht. Die obere Ecke erneut anfeuchten und an der Spitze mit den anderen Enden zusammendrücken.

5 Reichlich Wasser in einem Topf zum Kochen bringen und die Teigtaschen darin portionsweise je 2 Minuten sieden. Um zu prüfen, ob sie fertig sind, eine Tasche aus dem Wasser holen und aufschneiden: die Garnelen sollen durchgegart sein. Die fertigen Taschen aus dem Wasser heben und in einem Sieb abtropfen lassen.

6 Auf eine Servierplatte legen und mit der scharfen Sauce beträufeln. Mit dem Sichuan-Gewürz servieren.

Für 8 bis 10 Personen als Vorspeise

GEBRATENE SCHARFE NUDELN MIT CHINESISCHEM SCHNITTLAUCH

von Kylie Kwong

Der Chinesische Schnittlauch ist eine Kreuzung aus Schnittlauch und Knoblauch. Wegen seines dezenten Knoblauchgeschmacks wird er gern zum Würzen von Salaten, Rohkost und Omeletts verwendet. Blüten, Blätter und Stiele des Schnittlauchs sind ebenfalls essbar. Letztere werden in China üblicherweise im Ganzen als Beilage gereicht.

ZUTATEN

- 3 EL Öl
- 1 kleine rote Zwiebel, geschält, halbiert und in schmale Spalten geschnitten
- 4 Knoblauchzehen, geschält und zerdrückt
- 1 Stück Ingwer (ca. 4 cm), geschält und fein geschnitten
- 600 g Hokkien-Nudeln (frische, vorgekochte chinesische Eiernudeln; aus dem Asialaden)
- 2 EL Reisessig oder trockener Sherry
- 1 EL Zucker
- 2 EL Sojasauce
- 1 EL Malzessig
- ½ TL Sesamöl
- 1 Bund chinesischer Schnittlauch, in längere Stücke geschnitten (aus dem Asialaden)
- 50 g Sojasprossen
- 6 Lauchzwiebeln, geputzt, und in feine Streifen geschnitten
- 2 große rote Chilischoten, Samen entfernt, und schräg in Scheiben geschnitten (nach Geschmack)

1 Einen Wok erhitzen und darin das Öl leicht erhitzen. Zwiebel, Knoblauch und Ingwer zugeben und 1 Minute anbraten (die Zwiebel soll dabei kaum Farbe annehmen).

2 Die Hokkien-Nudeln zufügen und 2 Minuten mitbraten, um sie zu erwärmen. Dann Reisessig oder Sherry, Zucker, Sojasauce, Malzessig und Sesamöl zufügen und weitere 1–2 Minuten braten. Chinesischen Schnittlauch, Sojasprossen, Lauchzwiebeln und die Hälfte der Chilischeiben zugeben und 30 Sekunden mitbraten. Die Nudeln sollen gut erwärmt sein.

3 Das Nudelgericht auf Teller verteilen, mit den übrigen Chilischeiben bestreuen und sofort servieren.

JAPAN

REZEPTE ERPROBT IN DEN KÜCHEN VON JAMIE OLIVER

Für 10 Personen

JAPANISCHE CRÊPES

von Andy Harris

Schneiden Sie die eingerollten Crêpes einfach in mundgerechte Stücke – so sehen sie auch sehr appetitlich auf einer Platte mit Sushi oder Maki-Sushi aus.

ZUTATEN

- Olivenöl, zum Braten
- 4 Eier, verquirlt
- 80g Cheddar, frisch gerieben
- 100g Schinken, in dünne Scheiben aufgeschnitten
- 3 EL gemischte fein gehackte Kräuter (z.B. Petersilie, Schnittlauch, Basilikum)
- 1 EL Schnittlauchröllchen
- Ketchup, zum Servieren

1 Etwas Olivenöl in einer Pfanne mäßig stark erhitzen, dann mit einer dünnen Schicht verquirltem Ei bedecken.

2 Wenn das Ei langsam stockt, etwas Käse, Schinken und Kräuter darauf verteilen. Das Omelette auf einen Teller legen und einrollen; mit den restlichen Zutaten ebenso verfahren.

3 Zum Schluss mit Schnittlauch bestreuen und mit einem kleinen Schälchen Ketchup servieren.

THAILAND

REZEPTE ERPROBT IN DEN KÜCHEN VON JAMIE OLIVER

Für 2 Personen

ROTES THAICURRY MIT RINDFLEISCH UND KOKOSMILCH

von Georgie Socratous

Curryblätter werden in Südostasien häufig verwendet. Sie sind Bestandteil ganz unterschiedlicher Gerichte und kommen in verschiedenen Kombinationen vor. Man erhält sie frisch oder getrocknet in Asialäden oder im Internet.

ZUTATEN

- 300g Rumpsteak, in 2cm dicke Streifen geschnitten
- 1 TL Chilipulver
- ½ TL Kurkuma
- Erdnussöl, zum Anbraten
- 2 Knoblauchzehen, geschält und in dünne Scheiben geschnitten
- 1 kleines Stück Ingwer, geschält und in dünne Scheiben geschnitten
- 1 rote Chilischote, Samen entfernt und schräg in Scheiben geschnitten
- ein paar Curryblätter
- 200g Kokosmilch (aus der Dose)
- 1 Handvoll Sojasprossen
- Reisnudeln, zum Servieren
- halbierte Limetten, zum Servieren
- Salz und Pfeffer

1 Das Fleisch mit Chilipulver und Kurkuma einreiben und kräftig salzen und pfeffern. Das Öl in einer Pfanne stark erhitzen, Knoblauch, Ingwer und Chilischeiben 1 Minute darin anbraten. Dann die Curryblätter zugeben und 1 weitere Minute garen.

2 Das Fleisch zugeben und ein paar Minuten mitbraten, anschließend die Kokosmilch angießen. Zum Kochen bringen und weitere 5 Minuten köcheln lassen (wenn nötig, etwas Wasser angießen). Dann die Sojasprossen zugeben. Auf den Nudeln verteilen und mit Limetten servieren.

Für 2 Personen

GRÜNES THAICURRY MIT HUHN UND AUBERGINEN

von Abi Fawcett

Frisches Thaibasilikum hat einen unvergleichlichen Anisgeschmack. Man erhält es in den meisten asiatischen Lebensmittelläden.

ZUTATEN

- 2 EL grüne Currypaste
- Öl, zum Braten
- 2 Hähnchenbrustfilets, in Würfel geschnitten
- 4 kleine Auberginen, geputzt und in Scheiben geschnitten
- 200 ml Kokosmilch (aus der Dose)
- 1 Handvoll frische Zuckerschoten, geputzt
- je 1 Handvoll fein gehackter Koriander und Thaibasilikum
- gedämpfter Reis, zum Servieren

Für den Sojasprossensalat

- 2 große Handvoll Sojasprossen
- 1 rote Chilischote, Samen entfernt und schräg in dünne Scheiben geschnitten
- 1 Handvoll Korianderblätter
- Saft von 1 Limette

1 Eine Pfanne erhitzen und darin die Currypaste mit etwas Olivenöl unter Rühren 2 Minuten anbraten. Dann das Hähnchenfleisch zufügen und etwa 3 Minuten braten. Auberginenscheiben und Kokosmilch zufügen und etwa 8 Minuten köcheln lassen. Die Zuckerschoten zugeben und 1 Minute weiterköcheln. Zum Schluss Koriander und Thaibasilikum einrühren.

2 Für den Salat Sojasprossen, Chilischeiben, Koriander und Limettensaft in einer Schüssel vermischen. Das heiße Curry mit dem Sojasprossensalat und gedämpftem Reis servieren.

INDIEN

REZEPTE ERPROBT IN DEN KÜCHEN VON JAMIE OLIVER

Für 16 Teigtaschen

EINFACHE SAMOSAS

von Abi Fawcett

ZUTATEN

- 3 Kartoffeln, gekocht und geschält
- 2 EL gebrauchsfertige Tandooripaste (aus dem Glas)
- 3 Lauchzwiebeln, geputzt und fein gehackt
- 2 Handvoll TK-Erbsen
- 1 Päckchen TK-Filoteigblätter
- 300 ml Öl, zum Frittieren
- Salz und Pfeffer

1 Die Kartoffeln zerdrücken und mit der Tandooripaste, den Lauchzwiebeln und den Erbsen zu einer Paste vermengen. Salzen und pfeffern.

2 Etwas Füllung in die Mitte eines Filoteigblättchens setzen, dann zwei gegenüberliegende Ecken aufeinanderlegen, sodass ein Dreieck entsteht. Die Ränder mit etwas Wasser verkleben. Mit den restlichen Teigblättern und der restlichen Füllung ebenso verfahren.

3 Das Öl in einem Topf erhitzen. Die Hitze ist perfekt, wenn ein Stück Brot innerhalb von 30 Sekunden darin knusprig braun wird. Vorsichtig jeweils mehrere Samosas auf einmal in das heiße Öl gleiten lassen und darin rundum goldbraun frittieren. Mit einem Schaumlöffel herausheben und auf Küchenpapier abtropfen lassen.

Filoteigtaschen

Mit tiefgefrorenen Filoteigblättern kann man prima Teigtaschen oder -röllchen zubereiten und sie ganz nach Geschmack füllen – zum Beispiel mit einer Mischung aus Dosen-Thunfisch, Harissa, Passata und Kapern oder einer klassischen griechischen Füllung aus Spinat und Feta. Probieren Sie außerdem mal eine türkische Mischung aus Reis, Tomaten, Pinienkernen und Korinthen oder eine Füllung aus Lamm oder gebratenem Huhn, Curry oder Ragout. Selbst Gemüsereste wie Kürbis oder Erbsen, die Sie mit frischen Kräutern und etwas Butter zu einem Püree verarbeiten, ergeben eine wunderbare Füllung. Die Teigtaschen oder -röllchen werden frittiert oder im Ofen gebacken, dann mit Olivenöl oder zerlassener Butter bestrichen, und mit Pesto, einer würzigen Tomatensauce oder einer Joghurtsauce serviert. Für eine süße Zwischenmahlzeit füllen Sie die Filoteigblätter einfach mit Kompott oder mit einer Mischung aus Ricotta, etwas Puderzucker und Zitronenschale oder dunkler Schokolade.

Für 4 bis 6 Personen

KASCHMIR-LAMM

von Deep Mohan Singh Arneja

ZUTATEN

- 4 Knoblauchzehen, geschält
- 1 daumengroßes Stück Ingwer, geschält
- 100 ml Senföl
- 3 Kardamomkapseln
- 2 Zimtstangen
- 2–3 Macis-Scheiben (Samenmantel der Muskatnuss)
- 3 rote Zwiebeln, geschält und gewürfelt
- 1 Lammkeule, ohne Knochen, in 3 cm große Stücke geschnitten
- 1½ EL gemahlene Koriandersamen
- 1 EL Chilipulver
- 6 Tomaten, geputzt
- ¼ TL gemahlener, getrockneter Ingwer
- ¼ TL gemahlene Fenchelsamen
- Salz

1 Erst eine Würzmischung zubereiten. Dazu Knoblauchzehen und frischen Ingwer in einem Mörser zu einer Paste verarbeiten und beiseitestellen.

»Dieses Rezept ist ein Grundrezept für ein Curry, wie man es überall in Indien zubereitet. Durch die Zugabe von Ingwer und Fenchel wird es aber zum echten Kaschmir-Curry«, erklärt unser Autor Deep.

2 Einen Topf erhitzen und darin Senföl, Kardamomkapseln, Zimtstangen, Macis-Scheiben und Zwiebeln bei mittlerer Hitze rösten. Das Fleisch hinzufügen und rundum goldbraun anbraten. Salzen und die zubereitete Knoblauch-Ingwer-Paste zufügen. Etwa 15 Minuten unter Rühren köcheln lassen, bis alle Zutaten gar sind und aromatisch duften. Koriander- und Chilipulver zufügen.

3 Nun die Tomaten pürieren und in den Topf geben. Alles zum Kochen bringen und noch 15–20 Minuten köcheln lassen, bis die Tomaten zu einer dunklen Sauce eingekocht sind. Wenn nötig, etwas Wasser angießen, um die Sauce geschmeidiger zu machen. Zum Abschluss gemahlenen Ingwer und Fenchelsamen einrühren.

Für 6 bis 8 Personen

FISCHCURRY AUS KERALA

von Georgie Socratous

Die Region Kerala im Südwesten der indischen Halbinsel ist bekannt für ihre würzige, scharfe Küche. Dieses Fischcurry ist ein typisches Beispiel dafür.

ZUTATEN

- Erdnussöl, zum Braten
- 1 TL Senfkörner
- 20 Curryblätter
- 6 Schalotten, geschält und gehackt
- 4 Knoblauchzehen, geschält und in dünne Scheiben geschnitten
- 1 Stück Ingwer (2–3 cm), geschält und in dünne Scheiben geschnitten
- 1 grüne Chilischote, Samen entfernt und schräg in Scheiben geschnitten
- 1 EL Chilipulver
- 1 TL Kurkuma
- 750 g festes Weißfischfilet, in mundgerechte Stücke geschnitten
- 400 ml Kokosmilch (aus der Dose)
- 400 g Tomatenstücke (aus der Dose)
- frisch gehackter Koriander, zum Servieren
- gedämpfter Basmatireis, zum Servieren
- Naan (indisches Fladenbrot), zum Servieren
- Salz und Pfeffer

1 Etwas Erdnussöl in einer großen Pfanne erhitzen und darin Senfkörner und Curryblätter anbraten, bis die Körner anfangen zu platzen. Dann Schalotten, Knoblauch, Ingwer und frischen Chili zufügen und 5 Minuten bei mittlerer Hitze garen.

2 Chilipulver und Kurkuma in einer Schüssel mit etwas Wasser verrühren. Die Mischung in die Pfanne geben und 1 Minute köcheln lassen, dann Fisch, Kokosmilch und Tomaten zugeben. Mit Salz und Pfeffer abschmecken, zum Kochen bringen und 20 Minuten köcheln lassen, bis der Fisch gar und die Sauce etwas eingekocht ist. Mit Koriander, Basmatireis und warmem Naan servieren.

Für 2 Personen

KAISERHUMMER-CURRY

von Deep Mohan Singh Arneja

ZUTATEN

- 4 EL Kokosöl oder Pflanzenöl
- ½ TL Senfkörner
- ¼ TL Bockshornkleesamen
- 1 EL frischer Ingwer, geschält und geschnitten
- 12 frische oder getrocknete Curryblätter
- 3 kleine rote Zwiebeln, geschält und gewürfelt
- 1 TL Chilipulver
- 1 EL gemahlene Koriandersamen
- ¼ EL gemahlene Kurkuma
- 150 g Tomaten, geputzt und grob gehackt
- 1 EL Kokum-Butter oder 20 ml Tamarindenmark
- 12 Kaiserhummer, ohne Schale und ohne Darm
- 400 ml Kokosmilch (aus der Dose)
- 2 rote getrocknete Chilischoten
- Basmatireis, gedämpft, zum Servieren
- Salz

1 Eine Pfanne erhitzen und 3 Esslöffel Öl hineingeben. Wenn das Öl sehr heiß ist, die Hälfte der Senfkörner, die Bockshornkleesamen, den Ingwer und die Hälfte der Curryblätter zugeben. Ein paar Sekunden anbraten, dann die Zwiebeln zufügen und bei mittlerer Hitze goldbraun braten.

Kokosmilch, Curryblätter und Gewürze wie Nelken, Kardamom, Kurkuma und Zimt sind typische Aromen der Landesküche von Kerala.

2 Chilipulver, Koriander und Kurkuma zugeben. Ein paar Sekunden rühren. Anschließend Tomaten und Kokum-Butter oder Tamarindenmark zugeben. Die Sauce etwas einkochen lassen, bis sich das Öl oben absetzt.

3 Einige Esslöffel Wasser zufügen, um die Sauce geschmeidiger zu machen, salzen und die Kaiserhummer einlegen. Köcheln lassen, bis die Kaiserhummer gar sind und die Sauce eingekocht ist. Dann die Kokosmilch angießen, zum Kochen bringen und einige Minuten köcheln lassen.

4 In einer anderen Pfanne das restliche Öl, die getrockneten Chilischoten, die restlichen Senfkörner und Curryblätter 10 Sekunden braten, dann in das Curry einrühren. Mit Basmatireis servieren.

EUROPA

REZEPTE

Sauerkirschstollen • Vanillekipferl • All-in-Pie (Kuchen mit allem) • Fish-Pie • Weihnachts-Scones • Kirsch-Cobbler • Marmorierte Marshmallows • Briam (Kretische Gemüsepfanne aus dem Ofen) • Makrelen-Plaki • Karydopita (Nusskuchen) • Lendensteak mit Picada aus grünen Oliven und Mandeln • Arancini mit Gorgonzola • Gefülltes Lamm auf italienische Art • Risotto mit Karotten und Minze • Panna cotta

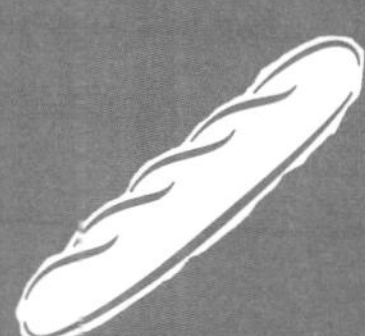

DEUTSCHLAND

REZEPTE ERPROBT IN DEN KÜCHEN VON JAMIE OLIVER

Für 12 bis 14 Scheiben

SAUERKIRSCH-STOLLEN

von Georgie Socratous

Dieses brotähnliche Gebäck überrascht mit seinem reichhaltigen, intensiv süßen Marzipankern.

ZUTATEN

- 200g getrocknete Sauerkirschen
- 3 EL Kirschwasser
- 500g Mehl (Type 550) + etwas Mehl zum Bestäuben
- 225ml Milch
- 2 Päckchen Trockenhefe
- 50g Zucker
- 1 Prise Salz
- 100g zerlassene Butter
- 1 großes Ei
- 150g gehackte, gemischte Zitrusfruchtschalen (z.B. von Clementine, Limette, Orange, Zitrone)
- 1 TL gemahlener Zimt
- 50g gehackte Mandeln
- 300g Marzipan oder Mandelpaste
- 100g Puderzucker
- fein abgeriebene Schale und Saft von 1 Bio-Clementine

1 Die Kirschen ein paar Stunden zuvor oder (noch besser) am Vortag im Kirschwasser einweichen.

2 Das Mehl in eine Schüssel sieben. Die Milch in einem anderen Topf leicht erwärmen, dann in eine Schüssel füllen. Hefe, Zucker und Salz zugeben und einrühren. Etwa 5 Minuten ruhen lassen, dann die zerlassene Butter und das Ei zugeben und unterrühren. Die Mischung mit dem Mehl vermengen, bis ein glatter, glänzender Teig entsteht. Den Teig auf eine bemehlte Arbeitsfläche setzen und eine Mulde in die Mitte drücken.

3 Die Kirschen abtropfen lassen und mit den Zitrusfruchtschalen, Zimt und Mandeln auf den Teig setzen. Kräftig durchkneten. Nach 5 Minuten sollte der Teig nicht mehr kleben und locker und geschmeidig sein. Die Schüssel mit Mehl bestäuben und den Teig wieder hineinsetzen. Mit einem Geschirrtuch abdecken und 1–2 Stunden ruhen lassen, bis der Teig sein Volumen verdoppelt hat.

4 Nun den Teig rasch auf einer bemehlten Arbeitsfläche durchkneten, dann in ein Rechteck von 36 × 26cm ausrollen. Das Marzipan oder die Mandelpaste zu einer etwa 36cm langen Rolle formen und mittig auf den Teig setzen. Den Teig einmal umschlagen und so das Marzipan einhüllen. Den Stollen auf ein mit Backpapier ausgelegtes Backblech legen. Noch einmal gehen lassen, bis er sein Volumen verdoppelt hat. Den Backofen auf 190°C vorheizen.

5 Den Stollen im vorgeheizten Ofen 45 Minuten backen, bis er goldbraun ist. Herausnehmen und 5 Minuten abkühlen lassen, dann auf ein Gitter setzen. Den Puderzucker in eine Schüssel sieben, Clementinenschale und -saft einrühren, sodass eine dickflüssige Glasur entsteht. Den Stollen mit der Glasur bestreichen.

Für etwa 20 Kipferl

VANILLEKIPFERL

von Susanne Hanssum (und ihrer Mama)

Die Kipferl lassen sich ganz nach Geschmack variieren: Ersetzen Sie zum Beispiel einmal das Mehl durch gemahlene Mandeln oder Haselnüsse oder den Vanillezucker durch ungesüßtes Kakaopulver.

ZUTATEN

- 250g Mehl
- 180g weiche Butter
- 100g gemahlene Mandeln
- 90g Zucker
- Vanillepuderzucker oder Vanillezucker, zum Bestäuben

1 Alle Zutaten außer dem Vanillepuderzucker oder Vanillezucker in einer großen Schüssel zu einem Teig verarbeiten. Den Teig zu einer dicken Rolle formen, in Frischhaltefolie wickeln und etwa 20 Minuten im Kühlschrank ruhen lassen. Den Backofen auf 180°C vorheizen.

2 Den Teig in 2cm dicke Scheiben schneiden. Kleine Hörnchen aus den Scheiben formen und auf ein mit Backpapier ausgelegtes, gefettetes Backblech legen.

3 Die Kipferl im vorgeheizten Ofen etwa 15 Minuten backen, bis sie eben beginnen, Farbe anzunehmen. Die heißen Kipferl in Vanillepuderzucker oder Vanillezucker wenden, abkühlen lassen und in einem luftdichten Behälter aufbewahren.

GROSSBRITANNIEN

REZEPTE ERPROBT IN DEN KÜCHEN VON JAMIE OLIVER

Für 8 Personen

ALL-IN-PIE (KUCHEN MIT ALLEM)

von Georgie Socratous

ZUTATEN

- 500 g Schinken oder Bratenfleisch (am besten Pute), in mundgerechte Stücke geschnitten
- 1 gehäufter EL Mehl, mit Salz und Pfeffer gewürzt
- Olivenöl, zum Braten
- 2–3 Knoblauchzehen, geschält und in dünne Scheiben geschnitten
- einige Stängel Salbei, die Blätter abgezupft und fein gehackt
- 500 g Gemüsereste, in gleich große Würfel geschnitten
- 300 ml englisches Bier
- 300 ml Hühnerfond
- 100 g geriebener Cheddar

Für den Teig

- 250 g Mehl (Type 550)
- ½ TL Backpulver
- 125 g Rindertalg oder Butter
- 1 gute Prise Salz
- 1 Ei, mit etwas Milch verquirlt

1 Zuerst den Teig zubereiten. Dazu Mehl, Backpulver, Rindertalg oder Butter sowie Salz in einer Schüssel vermischen. Nach und nach 150 ml Wasser einarbeiten (oder mehr, wenn der Teig zu trocken ist). Aus dem Teig eine Kugel formen, in Frischhaltefolie wickeln und mindestens 30 Minuten im Kühlschrank ruhen lassen.

2 Für die Füllung Schinken oder Bratenfleisch in einer Schüssel mit dem Gewürzmehl vermengen. Etwas Öl in einem großen Topf erhitzen und darin den Knoblauch bei mittlerer Hitze anschwitzen. Salbei und Fleisch zugeben und 5 Minuten garen, dabei hin und wieder umrühren. Das Gemüse zufügen, dann Bier und Fond angießen. Zum Kochen bringen, die Hitze reduzieren und 15 Minuten köcheln lassen, bis die Sauce leicht einkocht und aromatisch duftet.

Dieses Rezept ist wunderbar zur Resteverwertung geeignet. Der Blätterteig (Sie können auch fertigen TK-Blätterteig oder Mürbeteig verwenden) wird mit Rindertalg hergestellt – ein Fett, das in Grossbritannien häufig zum Einsatz kommt und den Teig schön knusprig macht.

3 Den Backofen auf 180 °C vorheizen. Wenn die Füllung fertig ist, die Hälfte davon in eine hohe Auflaufform einfüllen und mit der Hälfte des Käses bestreuen. Mit der restlichen Füllung und dem restlichen Käse bedecken.

4 Den Teig aus dem Kühlschrank nehmen und 5 mm dick ausrollen: Er sollte die gleiche Länge haben wie die Form. Die Ränder der Form mit etwas verquirltem Ei bestreichen, den Teig auf die Form legen und Überstehendes abschneiden. Den Teigrand etwas nach oben ziehen und mit Ei bestreichen. Die Teigdecke in der Mitte einschneiden, damit der Dampf entweichen kann, und im vorgeheizten Ofen etwa 30 Minuten goldbraun backen.

Für 4 Personen

FISH-PIE

von Andy Harris

ZUTATEN

- 150 g Fenchel, geputzt und in kleine Stücke geschnitten
- 1 Zwiebel, geschält und gewürfelt
- 150 g Lauch, geputzt und in dünne Scheiben geschnitten
- 1 Karotte, geputzt, geschält und fein gehackt
- 1 EL gehackte Thymianblättchen
- 50 g Butter + Butter zum Einfetten der Form
- 2 EL Mehl
- 250 ml Milch
- 400 g Weißfischfilets, ohne Haut, entgrätet und in größere Stücke zerteilt
- Saft von ½ Zitrone
- 350 g gebrauchsfertiger Mürbeteig
- 1 Ei, mit etwas Milch verquirlt
- Salz und Pfeffer

1 Den Backofen auf 200 °C vorheizen. In einem Topf die Hälfte Fenchel, Zwiebel, Lauch, Karotte und Thymian in der Hälfte der Butter garen, bis das Gemüse weich ist. Die restliche Butter in einem Topf zerlassen, dann das Mehl zugeben und weitere 5 Minuten unter Rühren garen.

2 Die Milch nach und nach unter Rühren angießen, bis eine glatte, cremige Sauce entsteht. Den Fisch zugeben und mit Salz und Pfeffer würzen, dann den Zitronensaft einrühren und 1–2 Minuten köcheln lassen.

3 Den Teig halbieren und jede der Hälften zu einer runden Teigplatte ausrollen, die der Größe einer hohen Auflaufform entspricht. Den Boden der Form mit etwas Butter einfetten und mit einer der Teigplatten den Boden der Form und die Ränder auslegen. Anschließend die Fischfüllung auf den Teig geben. Die oberen Teigränder mit dem verquirlten Ei einstreichen, dann das Ganze mit der anderen Teigplatte abdecken. Die beiden Teigplatten durch Zusammendrücken der Ränder miteinander verbinden. Die obere Teigplatte in der Mitte einritzen, damit Dampf entweichen kann, und mit verquirltem Ei bestreichen. Im vorgeheizten Ofen etwa 30 Minuten goldbraun backen.

Für 4 Personen

KARYDOPITA (NUSSKUCHEN)

von Andy Harris

© David Loftus

ZUTATEN

- 100g weiche Butter + etwas Butter zum Einfetten der Form
- 4 Eier, getrennt
- 100g Zucker
- 200g Nüsse, fein gehackt
- 75ml Schnaps
- 200g feiner Grieß
- 1 TL Backpulver
- 1 TL gemahlener Zimt
- fein abgeriebene Schale von 1 Bio-Orange
- 150ml Orangensaft

Für den Sirup

- 125g Zucker
- 1 kleine Stange Zimt
- fein abgeriebene Schale von 2 Bio-Zitronen

1 In einer Schüssel Butter, Eigelbe und Zucker zu einer leichten, schaumigen Masse schlagen. Die Hälfte der Nüsse in einem Mörser fein zermahlen und mit dem Schnaps und den restlichen Nüssen zu der Masse geben.

2 Grieß, Backpulver, Zimt und Orangenschale in einer zweiten Schüssel vermengen. In einer dritten, sauberen und trockenen Schüssel die Eiweiße zu festem Schnee schlagen und dann mit dem Orangensaft und der Grießmischung vermengen. Die Mischung in die Eier-Nuss-Masse einarbeiten.

3 Den Backofen auf 180°C vorheizen. Eine Kuchenform (20 × 25cm) mit Butter fetten und den Teig hineinfüllen. Im vorgeheizten Ofen 35–40 Minuten backen. Herausnehmen und die Kuchenoberfläche mehrfach mit einer Gabel einstechen, damit er abkühlt.

4 Die Zutaten für den Sirup in einem Topf mit 300ml Wasser mischen und zum Kochen bringen, dann 10 Minuten abkühlen lassen. Zimtstange und Zitronenschale entfernen. Den Kuchen mit dem heißen Sirup tränken. Vor dem Servieren abkühlen lassen.

SPANIEN

REZEPTE ERPROBT IN DEN KÜCHEN VON JAMIE OLIVER

Für 4 Personen

LENDENSTEAK MIT PICADA AUS GRÜNEN OLIVEN UND MANDELN

von Andy Harris

Picada wird in der katalanischen Küche verwendet und ist eine Art Paste aus Mandeln und Brot. Man benutzt sie vor allem zum Andicken von Saucen und Ragouts, kurz becor diese fertig sind. In diesem Rezept dient die Picada als Fleischbeilage.

ZUTATEN

- 4 große Rinderlendensteaks (à 200g), 2,5–3cm dick
- 12 Lauchzwiebeln, die Enden geputzt, mit etwas Grün
- 1 EL getrockneter Oregano
- 1 EL Olivenöl
- Salz und Pfeffer

Für die Picada

- 100g grüne Oliven, ohne Stein
- 100g Mandeln, blanchiert
- 1 Handvoll Paniermehl
- fein abgeriebene Schale von 1 Bio-Zitrone
- 1 EL Olivenöl

Für den Tomatensalat

- 2 große Tomaten, geputzt und geviertelt
- 1 rote Zwiebel, geschält und in Ringe geschnitten
- 20 grüne Oliven
- 3 EL Olivenöl
- 1 EL Sherryessig

1 Zuerst alle Zutaten für die Picada in einer Küchenmaschine zu einer groben Paste verarbeiten und beiseitestellen. Alle Zutaten für den Tomatensalat in eine große Schüssel geben, gründlich vermischen und beiseitestellen.

2 Einen Grill auf mittlere Hitze bringen oder einen Backofengrill vorheizen. Kurz vor dem Servieren die Steaks und die Lauchzwiebeln mit Salz, Pfeffer, Oregano und Olivenöl einreiben. Bei mittlerer Hitze auf dem Grill oder unter dem Backofengrill braten, bis Fleisch und Zwiebeln so durchgegart sind, wie Sie es mögen; dabei das Fleisch einmal wenden. Das Fleisch kurz ruhen lassen, dann die Picada darauf verteilen und die Steaks mit den gegrillten Zwiebeln und dem Salat servieren.

ITALIEN

REZEPTE ERPROBT IN DEN KÜCHEN VON JAMIE OLIVER

Für 24 Reisbällchen

ARANCINI MIT GORGONZOLA

von Georgie Socratous

Arancini sind Reisbällchen aus der Küche Siziliens, die meist mit Ragout, Tomatensauce und Erbsen gefüllt werden. Ihren Namen erhielten die Arancini aufgrund ihrer Form, die an kleine Orangen (italienisch »arance«) erinnert.

ZUTATEN

- 400g Arborio-Reis
- 100g Parmesan, frisch gerieben
- 4 Eier, verquirlt
- 120g Gorgonzola, in Würfel geschnitten
- 1,5l Pflanzenöl
- Meersalz, zum Servieren
- Salz und Pfeffer

Für die Panade

- 70g Mehl
- 2 Eier, verquirlt
- 100g feines Paniermehl

1 Den Reis in Salzwasser kochen, bis er weich ist. Abgießen, in eine Schüssel füllen und mit Parmesan, Eiern, Salz und Pfeffer vermengen. Auf einem großen Teller ausbreiten, abkühlen lassen, dann für etwa 2 Stunden in den Kühlschrank stellen.

2 Von der Reismischung 1 Esslöffel abnehmen, in die Handfläche geben und etwas flach drücken. In die Mitte des Reishäufchens 1 Teelöffel Gorgonzola setzen und mit Reis umschließen, sodass ein Bällchen entsteht. Mit dem restlichen Reis und Käse ebenso verfahren.

3 Nun die Panade zubereiten. Dazu Mehl, Eier und Paniermehl separat in flache Schüsseln füllen. Die Arancini erst im Mehl, dann in den Eiern, und dann im Paniermehl wenden. Bis zum Frittieren im Kühlschrank aufbewahren.

4 Das Pflanzenöl in einer tiefen Pfanne auf 180°C erhitzen beziehungsweise so lange, bis ein Stückchen Brot innerhalb von 30 Sekunden knusprig braun wird (Vorsicht: heißes Fett nie unbeaufsichtigt lassen!). Die Arancini portionsweise in das heiße Fett gleiten lassen und darin etwa 5 Minuten goldbraun backen. Mit einem Schaumlöffel herausheben und auf Küchenpapier abtropfen lassen. Arancini heiß mit 1 Prise Meersalz servieren.

Für 8 bis 10 Personen

GEFÜLLTES LAMM AUF ITALIENISCHE ART

von Andy Harris

Gefülltes Lamm ist ein echter italienischer Klassiker – jede Familie hütet ihr eigenes Rezept wie ein Geheimnis. Daher gibt es nicht nur eine perfekte Variante: Diese hier ist jedenfalls köstlich!

ZUTATEN

- 1 Lammkeule von 2,5 kg (ohne Knochen), mit Butter eingerieben
- 120 g Pecorino, in Scheiben und dann in Dreiecke geschnitten
- 5–6 Artischockenherzen in Öl
- 14 Sardellenfilets (aus dem Glas), abgetropft
- je 2 EL Minze, Rosmarin und glatte Petersilie, gehackt
- 2 EL frisches Paniermehl
- 2 EL Olivenöl
- Salz und Pfeffer

1 Den Backofen auf 240 °C vorheizen. Die gebutterte Lammkeule flach auf ein Holzbrett legen und mit den Pecorinoscheiben bedecken.

2 Die Artischockenherzen mit dem Handballen etwas flach drücken und auf dem Pecorino verteilen. Sardellenfilets, Kräuter und Paniermehl darübergeben. Großzügig salzen und pfeffern und mit der Hälfte des Olivenöls beträufeln.

3 Das Fleisch vom kurzen Ende aus eng einrollen. In Abständen von 3 cm mit Küchengarn zusammenschnüren. In einen Bräter legen, das restliche Öl über dem Lamm verteilen und 50 ml Wasser angießen.

4 Im vorgeheizten Ofen 20 Minuten braten, dann die Hitze auf 160 °C reduzieren und den Rollbraten weitere 1½ Stunden braten. Das Lamm aus dem Ofen nehmen und 10 Minuten ruhen lassen, dann in dünne Scheiben schneiden. Heiß oder kalt servieren.

Dieses Rezept ähnelt einem Rezept von Katie Caldesi, das in ihrem Buch *The Italian Cookery Course* zu finden ist. Katie Caldesi wiederum hat das Gericht in einem römischen Restaurant entdeckt. Wir haben hier Sardellenfilets, Paniermehl und Kräuter hinzugefügt. Nach Möglichkeit sollten Sie gegrillte, in Öl eingelegte Artischockenherzen aus dem Feinkostgeschäft verarbeiten. Artischockenherzen aus dem Glas kann man zwar ebenso gut verwenden, sie zerfallen aber viel leichter.

Für 4 Personen

RISOTTO MIT KAROTTEN UND MINZE

aus der Osteria Murivecchi in Bra

ZUTATEN

- 2 Knoblauchzehen, geschält und zerdrückt
- Olivenöl, zum Braten
- 4 Karotten, geschält und in kleine Stücke geschnitten
- 200 ml Weißwein
- 12 fein gehackte Minzeblätter
- ¼ Zwiebel, geschält und fein gehackt
- 320 g Carnaroli- oder Arborio-Reis
- 1 walnussgroßes Stück Butter
- 1 Handvoll frisch geriebener Parmesan
- Salz und Pfeffer

Für die Brühe

- Olivenöl, zum Würzen
- 1 Zwiebel, geschält, halbiert und mit 2 Gewürznelken gespickt
- 1 Karotte, geschält und in kleine Stücke geschnitten
- 2 Stangen Sellerie, geputzt und in Scheiben geschnitten
- 1 Stange Lauch, geputzt und in Ringe geschnitten
- 1 Stängel Petersilie

1 Zuerst die Brühe zubereiten. Dazu etwas Öl in einen Topf erhitzen und die mit Nelken gespickte Zwiebel hineingeben. Dann 1¾ l kaltes Wasser angießen, Karotte, Sellerie und Lauch sowie die Petersilie einlegen. Zum Kochen bringen, die Hitze reduzieren und 30 Minuten köcheln lassen.

Dieser Risotto aus der Osteria »Murivecchi« in Bra im Piemont macht die Karotte zum Star.

2 Währenddessen eine Pfanne erhitzen und darin den Knoblauch für den Risotto mit etwas Olivenöl goldbraun anbraten, dann entfernen. Die Karotten zufügen und 2–3 Minuten garen. Die Hälfte des Weins angießen, die Pfanne abdecken und 3–4 Minuten köcheln lassen. Dann die Pfanne vom Herd nehmen und gut drei Viertel der Minzeblätter einlegen.

3 Etwas Olivenöl in einer weiteren großen Pfanne erhitzen und darin die Zwiebel anbraten. Wenn sie weich und leicht gebräunt ist, die Hitze erhöhen und den Reis einrieseln lassen.Sorgfältig umrühren, bis jedes Reiskorn mit Öl überzogen ist. Etwa 1 Minute garen, dann den restlichen Wein angießen. Sobald er verdampft ist, einen Schöpflöffel von der heißen Brühe angießen.

4 Den Reis unter ständigem Rühren 15–20 Minuten garen. Iimmer wieder Brühe nachgießen, dabei aber mit dem nächsten Schöpfer warten, bis die zuvor angegossene Brühe ganz vom Reis aufgenommen ist. Nach 10 Minuten die beiseitegestellte Karottenmischung zufügen.

5 Der Reis ist fertig, wenn er al dente ist, also noch Biss hat (möglicherweise brauchen Sie nicht die gesamte Brühe). Den Topf vom Herd nehmen und Butter und Parmesan einrühren. Salzen und pfeffern, dann abgedeckt 1 Minute ruhen lassen. Die Teller mit den übrigen Minzeblättern garnieren.

Für 8 Personen

PANNA COTTA

von Jamie Oliver,
Gennaro Contaldo
& Jules Hunt

ZUTATEN

- 1 Vanilleschote
- 750 ml Crème fraîche
- 140 ml Vollmilch
- 100 g Zucker
- 4 kleine oder 2 große Blatt Gelatine, in kaltes Wasser eingelegt
- fein abgeriebene Schale von 1 Bio-Orange (nach Geschmack)

1 Die Vanilleschote der Länge nach aufschlitzen und das Mark mit einem Messerchen herauskratzen.

2 Vanilleschote und -mark zusammen mit Crème fraîche, Milch und Zucker in einem Topf aufkochen. Vom Herd nehmen, kurz bevor die Mischung anfängt zu kochen.

3 Nun das überschüssige Wasser aus der eingeweichten Gelatine drücken und die Blätter in den Topf geben. Die Mischung kräftig durchschlagen, und dann durch ein Sieb streichen. Auf acht Dessertförmchen verteilen. Die Panna cotta etwa 3 Stunden im Kühlschrank fest werden lassen.

4 Zum Servieren die Förmchen kurz in lauwarmes Wasser tauchen, die Panna cotta auf einen Teller stürzen und nach Geschmack mit Orangenschale bestreuen.

Ich bereite meine Panna cotta mit Milch und Sahne im Verhältnis 1:1 zu – dann wird sie schön cremig, bleibt aber dennoch leicht.

Panna cotta ist ein cremiges italienisches Dessert, das Sie ganz nach Geschmack aromatisieren können. Nehmen Sie dieses Rezept als Basis und probieren Sie ein paar Varianten aus. Für eine orientalische Version fügen Sie zum Beispiel 2 Esslöffel Orangenblütenwasser hinzu. Für einen fruchtigen Geschmack überziehen Sie die Panna cotta zusätzlich mit Erdbeerpüree. Für eine Birnen-Schokoladen-Version streichen Sie die Förmchen mit Schokoladenaufstrich ein und dekorieren Sie die Desserts vor dem Servieren mit Birnenstückchen.

REZEPTREGISTER

ZUTATENREGISTER

INHALT

DIE AUTOREN

BILDNACHWEIS

© Laura Edwards: S. 60
© Tara Fisher: S. 53, 57
© Jonathan Gregson: S. 84
© Will Heap: S. 17
© Dan Jones: S. 32
© Emma Lee: S. 64
© David Loftus: S. 7, 10, 14, 20, 26, 29, 54, 63, 67, 68, 74, 76, 77, 78, 87
© Matt Munro: S. 25
© Myles New: S. 24, 72
© Sam Robinson: S. 33
© Maja Smend: S. 40, 43
© Sam Stowell: S. 13, 18, 22, 30, 34, 36, 44, 46, 49, 50, 80, 83
© Kate Whitaker: S. 71

Fotografien von Jamie: © David Loftus
Umschlag: © Tara Fisher

ORIGINALAUSGABE
Rezepte und Fotos aus *Jamie Magazine* veröffentlicht in Großbritannien

Chefredaktion: Andy Harris
Lektoratsleitung: Paul Dring
Herstellungsleitung: Adrienne Pitts
Lektoratsassistenz: Holly O'Neill
Redaktionssekretariat: Georgia Levy
Unter der Leitung von: Jamie Oliver

FRANZÖSISCHE AUSGABE
© der französischen Ausgabe: 2012
HACHETTE LIVRE (Hachette Pratique)

Projektleitung: Catherine Saunier-Talec
Lektoratsleitung: Anne la Fay
Redaktion: Juliette Spiteri
Übersetzung: Sébastien Cauchon
Korrektorat: Nelly Mégret
Umschlaggestaltung und Layout: Nicole Dassonville
Realisation: les PAOistes

FÜR DIESE AUSGABE
© dieser Sonderausgabe: 2014
Dorling Kindersley Verlag GmbH, München
Ein Unternehmen der Penguin Random House Group

Bereich Sondervertrieb
Nr. 2014-SS-018

Aus dem Französischen von: Kristin Lohmann, München
Gesamtherstellung dieser Ausgabe: bookwise GmbH, München

Druck: Polygraf Print spol. s r. o., Slowakische Republik

Besuchen Sie uns im Internet
www.dorlingkindersley.de

jamieoliver.com

In dieser Reihe erschienen

jamie
& friends